AQUARIUS

BREAK YOUR FRAME OF MIND.

常識を突き抜けろ

水瓶座の君へ贈る言葉

鏡リュウジ
Ryuji Kagami

JN075181

sanctuary books

水瓶座の未来はつねに真っ白。
たったいま、この瞬間から、
新しいことをはじめることができる。
なぜそんな行動を取るのか。
どこからそんな発想が出てくるのか。
自分でも驚くほどだ。

ルールを考えるのは後回しにして、
まずは自由にやってみよう。
空よりも高い位置から全体を俯瞰して、
誰にも真似できないような、
世界がひっくり返るような、
美しいひらめきを手に入れよう。

みんなが前を向いていたら、後ろを振り返ってみる。
みんなが走っていたら、一度立ち止まってみる。
あなたの視点から見える世界は、
「正しい見え方」ではないかもしれない。
でも絶対におもしろいし、
それが物事を大きく前進させるきっかけになる。

常識を学べ。
常識と向き合え。
常識と戦え。
そして新しい常識をつくり出せ。

水瓶座を強く突き動かすのは
常識に対する、
自分なりのその「違和感」だ。

ぶつかり合えば、
無傷では済まないかもしれない。
でも対立を恐れてはいけない。
摩擦を繰り返してこそ、
人生は展開していくものだから。
ぶつかり合ってこそ、
ボーダーは超えられるものだから。

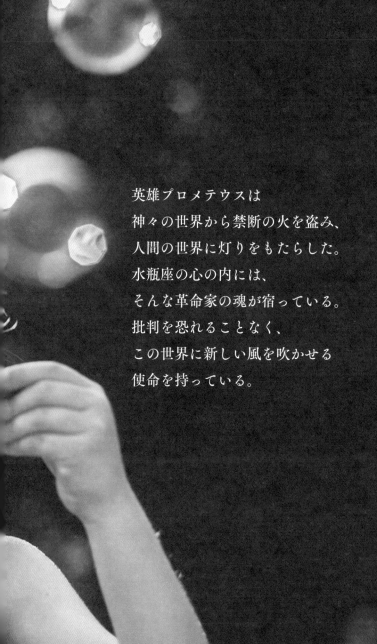

英雄プロメテウスは
神々の世界から禁断の火を盗み、
人間の世界に灯りをもたらした。
水瓶座の心の内には、
そんな革命家の魂が宿っている。
批判を恐れることなく、
この世界に新しい風を吹かせる
使命を持っている。

この先はどうなるんだろう？
答えは誰も用意していない。
あなたが1から考えるんだ。
そして動き出すんだ。

水瓶座の強みは、
常識にとらわれない自由な心。
人とは別の視点から、
人とは別のことをイメージし、
別の世界をつくり出すことができる。

なぜそうするのかな？
もっといい方法はないかな？
止まらない疑問を自由に解き放つことで、
水瓶座はますます才能を発揮できるだろう。

水瓶座だけの水瓶座の人生を
さらに輝かせる「飛躍」と「挑戦」のために、
35 のヒントとメッセージを贈ります。

水瓶座のあなたが、

もっと自由に
もっと自分らしく生きるために。

AQUARIUS

CONTENTS

AQUARIUS

CHAPTER 1

本当の自分に
気づくために

【夢／目標／やる気】

あなたの夢は何か？
やりたいことが見つからないときは？
あなたの心を動かすものは何か？
水瓶座のあなたが、
向かうべき方向はどこだ。

1

自分のなかの
小さな「エジソン」に
気づく

水瓶座は、イノベーションの星座。常識をくつがえす新しい発想で問題を解決し、新しいものをつくり出す。そのことを象徴するのが、水瓶座生まれのエジソンやダーウィンだ。

　たとえば、エジソンは白熱電球や蓄音機など1000件にものぼる発明をして、人々の生活を大きく変えた。ダーウィンは、聖書の創造論をくつがえし、人間は動物から進化したという進化論を解いて、生物学に大きな影響を与えた。

　あなたのなかにも、きっと「小さなエジソン」や「小さなダーウィン」が住んでいる。

　というと、自分はそんな知識はないし、発明なんてしたことがないと思うだろうけれど、それは関係がない。エジソンだって、小学校を中退していて専門的な教育は受けていない。

　エジソンになるために必要なのは、これまでの常識に縛られない自由な発想、他の人が気づかない疑問に気づく力、目の前の問題をアイデアで解決しようという姿勢。

　たとえば、あなたは会社や学校で、「これっておかしくない?」とか、「なんでこんなやり方を続けているんだろう?」と違和感を持つことがないだろうか。あるいは、何かに熱中して取り組んでいるとき「ここを工夫したらいいかも」「こういうものがあったらよろこばれるんじゃないか」と、ひらめくことがないだろうか。

　それが、あなたのなかにいる「小さなエジソン」なんだ。その気づきに注目して、発明、イノベーションの力を伸ばしていこう。

　そうすれば、きっと、いろんなことが解決できるようになって、自信とモチベーションが湧いてくる。新しいものを生み出せるようになって、自分の進むべき方向も見えてくる。あなたのなかの「エジソン」があなたの人生を切り拓いてくれるだろう。

AQUARIUS

2

「エイリアン」
であることを
恐れない

「変わってるね」「人と全然違うね」「宇宙人みたい」……あなたは、人からそんなふうにいわれることがないだろうか。

　確かに、水瓶座はひとりだけみんなと違う意見を口にしたり、まったく違う角度から見ていたりすることが多く、他人の目には、まるで「宇宙人」「エイリアン」のように映ることがある。

　でも、それは、話が通じない、空気が読めないということではない。あなたが、地上にはじめて降り立った宇宙人のように、まっさらな視点で物事を見ているということ。宇宙から地球を俯瞰するように、広い視野でいま起きている状況を見つめられるということ。大勢に流されない少数者の視点を持っているということ。

　だから、みんなが当たり前と思っていることを当たり前と思わず、「それってなんのために必要なの?」と本質的な疑問を持つ。みんなの意見に流されずに、自分の意見を主張できる。誰も考えつかないようなユニークな発想で、問題を解決し、新しいものを生み出す。そう。水瓶座は「エイリアン」や「宇宙人」のように変わった存在でいることで、本来の力を発揮できるのだ。

　だから、やりたいこと、やるべきことが見つからないときは、あえて「エイリアン」的な視点に立ってみよう。

　みんなの外側にいて、天空からの視点を持ち、少数者の側に立つことで、取り組むべきテーマ、変革すべき課題、果たすべき役割が見えてくる。やりたいことや目標が見えてくる。

　そのことで、周りから誤解されることもあるかもしれないけれど、気にしなくていい。人から「変わっている」といわれたり、周りから浮いた存在でいたりするのは、あなたがあなたらしくいられている証拠。「エイリアン」でいることを恐れさえしなければ、あなたはきっと輝く未来をつかむことができる。

3

怖がらずに
「好き」なことを
公言しよう

あなたは「好き」なことを仕事にしてはいけない、人生の夢として実現できるはずがない、と思い込んではいないだろうか。

　風の星座＝思考の星座である水瓶座は、冷静さや客観性を重視するあまり、感情を揺さぶるものを恐れるところがある。「好き」「やりたい」と思っても、個人的な思いに他人を巻き込めない、仕事にしたら距離が取れない、と考えてしまう。そもそも、「自分の好きはたいしたものじゃない」と決めつけていることも多い。

　でも、そんなことはない。確かに、水瓶座の「好き」は牡羊座や魚座のような情緒的な「好き」ではないけれど、一方で、普遍性を持っている。むしろ、周りに広めたり、仕事や自己実現に結びつけたりするのに向いている「好き」なのだ。

　だから、何かを好きと思ったときや、強くやりたいと思ったときは、それを周囲にどんどん「公言」していったほうがいい。

　なぜ好きなのか、どこが魅力的なのか。誰かに自分の「好き」を語ろうとすることで、感情だけではない「好き」の正体が見えてくる。説明しているうちに、どの部分なら相手が共有してくれるのかがわかって、他人に影響を与えたり、仕事や自己実現に活かしたりすることが怖くなくなってくる。

「好き」を誰かと共有することができたら、あなたの「好き」はどんどんブラッシュアップされていくだろう。「好き」を現実にする方法が見つかり、「好き」の新しい可能性を知る。最終的に、「好き」が仕事として形になり、人生のなかで開花することもある。

　実際、水瓶座のアーティストや有名人には、自分の「好き」を口にして、表現のなかに取り込み、成功を収めている人が多い。

　あなたも、怖がらずに、好きなものを公言していこう。きっと、あなたの「好き」が形になって、実現するときが来るはずだ。

AQUARIUS

4

「知識」で
個性をつくり出す

「個性」というと、その人が持って生まれたものと思われがち。

　確かに、獅子座のように何も意識しなくても、自然に振る舞うだけで個性的といわれる人もいる。

　でも水瓶座の「個性」は、そういう「天然」なものじゃない。

　水瓶座はむしろ「常識」「普通」とされていることが何かをきちんとわかっている。大多数の人がどういうものを志向しているかも知っている。知っていながら、そこからあえて離れていくことで、個性をつくり出していく。常識の鎖を自分の意志で断ち切ってユニークな存在になっていく。

　そのために不可欠なのは「知識」。知識が増えると、既存の型にはまってゆき「自分らしさ」や「個性」が失われていくといわれることがあるが、水瓶座の場合は逆。知識が増えれば増えるほど、「個性」が磨き上げられていく。「独創性」が高まっていく。

　たとえば、いま何が流行っているかを知ることで、より新しい自分をつくり出すことができるし、テクノロジーやメディアがどこまで進んでいるかを知ることで、自分の可能性をより広げることができる。最新の情報だけじゃない。歴史や哲学、文学などの知識や教養を深めることで、深みや広がりをつくり出すことができる。

　だから知識を増やしていこう。自分が関心のあるSNSだけじゃなく、図書館にしかない書籍、知らない国のアニメや映画まで、いろんなジャンルの情報に触れ、いろんな場所に直接出かけ、この世界全体を見渡せるようになっておこう。

　そのうえで、常識からどこまで距離を取れるか、最大公約数的なものからどれだけ離れられるかを意識するのだ。

　きっと、知識を深めた分だけ、あなたは自由になっている。もっと個性的になっていることがわかるはずだ。

AQUARIUS

5

人生の
「コンセプト」を
立てる

最近、ビジネスやクリエイティブの世界では「コンセプトを立てることが大切」とよくいわれる。

「コンセプト」とは、全体をつらぬく価値観、考え方、世界観のこと。新しい商品やコンテンツを開発するとき、まず、コンセプトを立てて、最終的に何を目指すのか、何を最も大切にするのかをはっきりさせる。そして、取り組んでいる最中、つねにそのコンセプトを意識することで、ぶれずにゴールまで辿り着くことができる。

　水瓶座が人生でやるべきこと、夢を探しているときは、この「コンセプト」という考え方を使ってみたらどうだろう。

　星座によっては、思いついたことをやるだけで夢に近づけるケースもあるけれど、水瓶座の場合は自分と自分が生きる世界をしっかり把握したうえで、方向性を決めないと、本気にはなれない。

　だから、自分の人生に「コンセプト」を立てるのだ。

　自分がこれまでどんな経験を積み、何を大切にしてきたか。いまの社会が自分に何を求めているのか。これからどういう未来が来るのか。自分と世界を深く考察したうえで、何に価値を置いて、どんな人生を歩んでいくか、「人生のコンセプト」を考える。

　そうすると、自分が本当にやりたいこと、夢が姿を現してくる。「コンセプト」から考えた夢は、自分のなかで必然性を確認しているからめったなことでぶれたりしない。

　つねに「コンセプト」を意識することで、いまの瞬間、何をやるべきか、何を学んでおくべきか、も具体的にわかってくる。ちょっとした日常の習慣や生活のディテールにも、「コンセプト」が浸透していって、その夢に必要な知識やスキルが蓄積されていく。

「コンセプト」はあなたに夢をもたらし、夢に近づいていくあなたを支え、後押ししてくれるだろう。

AQUARIUS
PERSON
水瓶座の偉人
1

ひらめきと粘り強さで
世紀の発明を生み出す

トーマス・エジソン
Thomas Edison

1847 年 2 月 11 日生まれ
発明家・起業家

蓄音機や白熱電球、キネトスコープ（映画の上映装置）など、画期的な発明を世に送り出したアメリカの発明王、エジソン。特許を取った発明品は 1000 以上ともいわれるが、子ども時代は好奇心が強すぎる問題児だった。天才とは 1% のひらめきと 99% の努力であるという言葉通り、発想力と粘り強い探究心が、彼を成功に導いた。ゼネラル・エレクトリック社を創業するなど、アメリカン・ドリームを体現する起業家でもあった。

参考　新戸雅章（著）『天才の発想力 エジソンとテスラ、発明の神に学ぶ』2008 年 ソフトバンククリエイティブ

ミニスカートで世界を変えた
伝説的デザイナー

マリー・クヮント
Mary Quant

1930 年 2 月 11 日生まれ
デザイナー

イギリス・ロンドン生まれ。1960 年代の "スウィンギングロンドン" を象徴するデザイナー。1955 年、夫や友人らとチェルシーのキングス・ロードに、ブティック「バザー」をオープン。当時のチェルシーはホットな若者文化の発信地。マリーは「チェルシー・ルック」の伝道師として、ミニスカートやホットパンツ、ポリ・ビニール素材の洋服などを提案し、世界的流行の火付け役に。ファッションに敏感な若者たちを惹きつけた。

参考 「MARY QUANT」
https://www.maryquant.co.jp/aboutmary/

AQUARIUS

CHAPTER 2

自分らしく輝くために

【仕事／役割／長所】

あなたに備えられた才能はなんだろうか？
あなたが最も力を発揮できるのはどんな場所？
あなたが世界に対して果たす役割は何か？
水瓶座のあなたが、最も輝くために。

AQUARIUS

6

「疑問」や
「違和感」を
スルーしない

最初にもいったけれど、水瓶座は、みんなが当たり前に受け入れていることに「違和感」や「疑問」を抱くことが少なくない。「これって意味なくない?」ともやもやしたり、「なんでこんなことやらなきゃいけないの?」と思わずツッコんでしまったり。

　でも、それこそが水瓶座が新しいものを生み出すイノベーターである証拠だ。実際、これまで生まれた発明や発見は、ふとした「違和感」がきっかけになっていることが少なくない。次々生まれているヒット商品やサービスも、日常の不便をどう解決するかというところから発想されたものが多い。

　だから、あなたがいま、何かに「違和感」を持っているなら、その感覚を大切にしよう。むしろ、おかしいと思うこと、不満に思うこと、ちょっと違うなと思うことを、積極的に探していこう。

　たとえば、あなたの会社に無駄と感じるルールや慣習がないか。暮らしのなかで、理不尽だと思うことはないか。あるいはSNSを使っていて不便と感じる部分がないか。身近なことでいいから、疑問や違和感を洗い出し、そう感じた理由を徹底的に分析していく。そのうえで、改善する方法はないのか、どうなったら快適なのか、を考える。さらに発想や視点を転換し、よりおもしろく、よりみんながよろこんでくれる方法を追求してみる。

　そういう作業を繰り返していれば、小さな「疑問」や「違和感」を出発点にして、アイデアがどんどん湧いてくる。新しい発想で、みんなが困っている課題を解決できるようになる。

　ビジネスの世界では、いま、課題発見・課題解決の能力が必須といわれているが、水瓶座のキーワードは「I solve」。生まれながらにして課題解決の力を持っているのが、水瓶座なんだ。「違和感」や「疑問」は、あなたが成功するための "最初の一歩" であることを忘れないでほしい。

7

自分のやり方を
通せる「場所」を
確保する

能力があるから、何をやっても、結果を出せる水瓶座。でも、一方で「環境」に大きく左右されてしまう傾向がある。

水瓶座は、自分のやり方や価値観を大事にするから、それを壊したり、別のやり方を押し付けてきたりする人や環境がすごく苦手。頭の固い上司とか風通しの悪い職場、年功序列のような古いやり方が横行している環境では、モチベーションをなくしてしまい、肝心の独創性や知性を発揮できなくなってしまう。

だから、水瓶座はまず、自分のやり方や価値観が通せる「場所」を確保する必要がある。

たとえば、時間を自由に使いたいなら、フレックスタイムを導入している会社、場所に縛られないで仕事したいならリモートワーク中心の環境。無駄な会議が嫌いなら、会議の少ない職場。

自分から新しい仕事を開拓していきたいタイプなら、ノルマがあったり、指示通りに動くことを求められたりする場所よりも、結果さえ出せばいろんなチャレンジを許してくれる場所がいい。

とにかく、自分が力を一番発揮できるやり方を通せる場所を確保しよう。

あなたがすでに会社に勤めているなら、出世を目指すよりまずはそういう場所やポジションをつくることを意識したらどうだろう。

あなたのことを理解してくれる先輩や上司を見つけるのもいい。

それが無理なら、小さくてもいいから、あなたのやり方を尊重してくれる職場を探してみよう。自分で起業して自分のやり方が100％通せる場所をつくり出すのもありだ。

大切なのは、「場所」にあなたを合わせるのでなく、自分に合う「場所」を探し出す、確保する、つくり出すこと。それができれば、あなたの能力はきっと大きく開花する。

AQUARIUS

8

どんな仕事でも
「イノベーター」
であれ

エジソン、ダーウィン、モーツァルト、夏目漱石、ガリレオ、リンカーン、SONY創業者の盛田昭夫、ジャクソン・ポロック……。水瓶座生まれの有名人たちが象徴するように、水瓶座は新しいものをゼロから生み出す仕事が向いている。

　たとえば、科学者や発明家、IT関係など最先端テクノロジーに関わる仕事、新しいコンテンツやエンターテインメント、サービスを生み出す仕事なら、あなたは力を存分に発揮できるだろう。

　でも、実際に何かを創り出す仕事じゃなくても、水瓶座のイノベーションの能力を活かすことはできる。

　たとえば、ものを売る仕事なら、いままでなかった新しいプロモーション方法やみんなの消費行動を変える仕掛けを考えればいい。環境保護や社会貢献に興味があるなら、捨てられる素材を使った商品づくり、グローバルサウスの人と協業する仕組みづくりに挑戦できる。

　自分でお店を出したい場合はさらにうってつけだ。あなたのアイデアでいままで存在しなかったような新しい「お店」を考えれば、きっと大きな話題を呼ぶだろう。

　一方、地味に見える事務や総務の仕事でも、イノベーションの力は発揮できる。たとえば、人は減らさず経費を大幅に削減する方法を考える、みんなが面倒がっている手続きを大幅に省略できるシステムを提案する……。

　前向きなものじゃなくてもいい。仕事嫌いで遊ぶことばかり考えているなら、ワーケーション、週休3日など、新しい働き方のスタイルを実現することを考えればいい。

　大切なのは、なんの仕事をしていても、自分がイノベーターであろうとすること。そうすれば、水瓶座は必ず成功をつかむことができるだろう。

9

自分より
「変わっている人」と
タッグを組もう

水瓶座は知識の星座。知識や情報を摂取すればするほど、何かを学べば学ぶほど、発想力や思考力が高まってゆく。

　でも、水瓶座がさらにパワーアップするためには、本やネットから知識を得るだけじゃなく、「人」からも刺激を受けたほうがいい。

　とくにおすすめなのが、「あなたより変わっている人」。

　水瓶座は自分がユニークだから、普通の人では物足りない。あなたでも行動が読めないくらい変わっている人、あなた以上に会社や学校で浮いている人を探して、アプローチしてみよう。

　誰に対しても偏見を持たず、フラットに接することのできる水瓶座のあなたなら、みんなが「変人」と敬遠しているような人でも、おもしろさがわかるし、仲良くなれる。むしろ「この人、変わってる！」と感じる人に出会えたら、新しい視点を積極的に学んで吸収してゆく。刺激を受けて、発想が豊かになってゆく。

　それだけじゃない。水瓶座は分析力があるから、その人のおもしろさをどうしたら他の多くの人に理解してもらえるか、活かし方がわかる。あなたを媒介に、みんながその人のおもしろさを理解するようになる。

　そうしたら、ふたりで漫才コンビみたいに「タッグ」を組むのもいいし、お互いの違う個性をぶつけ合うようなコラボレーションをしてもいい。さらに違う個性を持った人につながりを広げ、"変わり者ネットワーク"を広げていくのもありかもしれない。

　ユニークなあなたが、あなたにはない別の独創性を持った人と何かを一緒にやることで、可能性が大きく広がってゆく。

　だから、周りに目を凝らしてみよう。情報や知識だけじゃなく、「人」を意識すれば、あなたはもっともっと輝ける。

10

「新しいもの」を
追いかけるのでなく
使いこなす

水瓶座は新しいものが好き。つねにアンテナを張り巡らし、最先端のものを探している。新しいガジェットが発売されたり、新しいテクノロジーが生まれたり、ビジネスの新しい方法論やムーヴメントが起きると、すぐに飛びついて、いまの仕事に取り入れようとしたり、それを使った企画を提案しようとする。

　その感度の高さはすごく重要だけれど、でも、あなたにはもう一段階、上のことを意識してほしい。それは「新しいものをただ使いたがる」のでなく、「新しいもの」の本当の価値を咀嚼して、「必要な目的のために使いこなす」ということ。

　たとえば、自動生成 AI を知ったら、ただ得意気に語ったり、闇雲に導入しようとしたりするのでなく、いまの仕事の課題解決するためにどう使えるか、自分たちの苦手な部分を補うために使うことを考える。新しい SNS ができたら、ただ SNS をやってみようというだけでなく、特徴をふまえて、自分の目的に最も適した情報を発信できる SNS を使う。

　水瓶座はもともと物事のコンセプトや本来の目的、本質を理解できる星座。新しいテクノロジーを追いかけながら、コンセプトや目的を意識すれば、必ず意味のある使い方ができる。新しいものを使いこなして、新しい企画やサービスを生み出せる。

　いや、それだけじゃない。水瓶座のあなたなら、AI にしても、自動生成にしても、新しい SNS にしても、誰も思いつかなかった斬新な活用方法、それこそ「その手があったか!」と人を唸らせるような使い方を思いつくかもしれない。

　新しいテクノロジーが次々に生まれる時代。それらをうまく使いこなせば、水瓶座はきっと、水瓶座らしい価値を転換するような大きな仕事を成し遂げることができる。

世代を超えて愛される 「サザエさん」原作者

長谷川町子
Machiko Hasegawa

1920 年 1 月 30 日生まれ
漫画家

13 歳で父を亡くし、幼少期を過ごした福岡から上京。「のら
くろ」作者の田河水泡氏に弟子入りし、15 歳で漫画家デビュー
する。1946 年、『夕刊フクニチ』で「サザエさん」の連載を開始。
『朝日新聞』朝刊などに活躍の場を移し、休載を挟みながら
も 28 年間連載を続ける。1969 年にアニメーション放映開始。
ほのぼのとした磯野家の日常を描いた同作は、放映 50 周年
を超えたいまも、"日曜夕方の顔"として親しまれている。

参考 「長谷川町子美術館」
https://www.hasegawamachiko.jp

近代的自我を確立した
日本文学界の巨匠

夏目漱石
Soseki Natsume

1867 年 2 月 9 日生まれ
作家

東京生まれ。帝国大学英文科卒業後、松山中学などで教鞭をとる。1900 年にイギリスへ留学。神経衰弱に陥った漱石が帰国後、気晴らしに書いた作品『吾輩は猫である』は、猫が一人称で語るおかしみと軽妙洒脱な文体が相まって大評判となる。1907 年に東大講師をやめ、作家活動に専念。『三四郎』『それから』『門』『こころ』など、数々の名作を生み出す。49 歳で亡くなるまで、作品を通して近代的自我を模索し続けた。

参考 「新宿区立漱石山房記念館」
https://soseki-museum.jp/soseki-natsume/sosekis-life/

AQUARIUS

CHAPTER 3

不安と迷いから
抜け出すために

【決断／選択】

人生は選択の連続だ。
いまのあなたは、過去のあなたの選択の結果であり、
いまのあなたの選択が、未来のあなたをつくる。
水瓶座のあなたは、何を選ぶのか。
どう決断するのか。

AQUARIUS

11

「じゃないほう」を
選ぶ

何度もいってきたように、水瓶座はイノベーターの星座。その本質を目覚めさせるためには、常識や普通、平均的と呼ばれるものからどれだけ離れられるか、が鍵になる。

　何かを選ぶときもそれは同じ。人は、迷ったとき、みんなが選びそうなもの、多数決で勝ちそうなものを選んでしまいがち。でも、水瓶座は、そこに背を向けて、絶対に誰も選ばなさそうなもの、あきらかに変だと思うこと、絶対にこれは正解じゃないという選択肢を選んだほうがいい。

　そう、あえて「じゃないほう」を選ぶのだ。

　たとえば、外国語を学ぶなら英語や中国語じゃなくて、誰も知らないような小さな国の言葉。飲食店でアルバイトをするなら、チェーン店じゃなくて、みんながヤバいというようなこだわりのあるお店。引っ越しするなら、間取りがヘンテコな家。ダンスを習うなら、流行りの HIPHOP じゃなくて、民族舞踊。

　そこにたいした理由はなくていい。周りは、なんの意味があるのというだろうけれど、気にする必要はない。その選択が一切、役に立たなくてもまったくかまわない。

　最初にいったように「じゃないほう」を選ぶことは、あなたの本質を目覚めさせること。常識や普通から離れていくことで、水瓶座のもともと持っている独創性が刺激され、水瓶座のイノベーター的感性が開花していく。

　それに、水瓶座はどんな変なことでも、必ず活かしどころを見つけられる。むしろ、誰もやっていないことを選んだことで、あなたのニーズが一気に高まり、仕事につながる可能性だってある。

　だから、迷ったときは、シンプルに変なもの、普通じゃないものを選ぼう。それが、あなたらしい未来への入り口になる。

AQUARIUS

12

「ストーリー」を
描けば
答えが見えてくる

迷っているときは、いま、一番やりたいものをシンプルに選べばいい、というアドバイスをよく聞く。確かに、その考え方は悪くないし、それで未来が一気に拓けた人もいる。

　でも水瓶座はすこし違う。つねに、自分がいる世界、自分の人生全体を俯瞰する意識があるから、いまこの瞬間だけじゃなく、全体の流れのなかで何を選ぶかを考えたほうがしっくり来る。

　たとえば、学校を選ぶとき、みんなは、何を学びたいか、偏差値がどうか、就職に有利かくらいの基準で選ぶけれど、水瓶座の場合はもっと先の未来、あるいはもっと遠くの過去まで、パースペクティブを広げたほうがいい。

　10年後、自分がどういう人でありたいか、自分がどういう仕事をしていたいか、その先、どんな人生を歩んでいきたいか、最終的に何を成し遂げたいか。あるいは逆に、小さい頃どういう夢を描いていたか、どういう人になりたかったか、その後どういう人生を歩んできたか。

　そうやって過去と未来に思いを馳せると、自分の人生の「ストーリー」が見えてきて、いま、何を選ぶべきかがわかってくる。

　大きな選択だけでなく、どこに旅行に行くかとか、どんな町に住むか、どんな服を着るか、今日何を食べるか、という日々の選択でも同じ。小さなことでも、大きな「ストーリー」のなかで選択すれば、意識の持ち方がまったく変わるし、それが将来につながったり、人生の大きな転機になったりする可能性もある。

　大切なのは、自分を主人公にした「ストーリー」を頭に描いて、そのなかで主人公がどう動くべきかを考えること。そうすればきっと、あなたを理想の人生に導くような、素敵な選択ができるはずだ。

AQUARIUS

13

ユニークな選択を
するために
「客観性」を取り戻す

普段は持ち前のユニークな発想で、迷うことなくおもしろいものを選択できる水瓶座。でも、そんな水瓶座でも、何を選んでいいかわからない、ありきたりのアイデアや無難な答えしか思い浮かばないことがある。

　あなたは「発想力が衰えたかも」と不安になるかもしれないけれど、そうじゃない。水瓶座がおもしろい選択ができないときは、逆に「物事を冷静に見る目」「客観性」を失っていることが多い。

　前にも言ったように、水瓶座の独創性、発想力は、知識や客観的分析でパワーアップする。物事をフラットに俯瞰で見るから、固定観念や常識の無意味さがわかって、そこから自由になれる。

　ところが、なんらかのノイズが、そのフラットにものを見る目や、客観的な視点を邪魔することがある。一時的に感情的になっていたり、強い好き嫌いに左右されていたり、過去の出来事に影響されていたり、誰かに何かを言われてバイアスがかかっていたり。

　だから、あなたがもしいま、何も選べなくなったり、ありきたりな選択しかできなくなったりしているなら、フラットな目を曇らせているノイズがないかをチェックしてみよう。

　ノイズがわかったら、次はそれを相対化する試みをしてみよう。たとえば、自分にあえて反対意見をぶつけてみる。普段話さない人の意見を聞いてみる。もう一段上のレイヤーやもう一段長いスパンで考えてみる。

　とにかく、できるだけのたくさんの情報を、できるだけ幅広く、できるだけ多くの角度から、摂取すること。
「客観的」になると迷いが生じる人もいるけれど、あなたは違う。「客観的」になることで、決断力が増す。客観的になればなるほど、おもしろい選択ができるようになる。

AQUARIUS

14

「確信犯」なら
炎上してもいい

水瓶座が迷って動けないときのもうひとつのパターンは、恐怖に縛られている状態。水瓶座は新しいこと、みんながやっていないことを思いつくからこそ、それを選んで、反発されることを想像してしまう。もしかしてバッシングを浴びて「炎上」してしまうかもしれない。その恐怖が、水瓶座の足をすくませてしまう。

　でも、起こってもいないトラブルを怖れて、せっかくのユニークな発想を止めてしまうのは、もったいない。

　だったら、あなたが「新しい選択」をしたいときは、あらかじめ「バッシング」や「炎上」を織り込んでおくのはどうだろう。

　これを提案すれば、周りの風当たりが強くなるだろう、これをやれば古い常識を守りたい人たちは反発するだろう、これを書けば自分の SNS は炎上するだろう。そういうことを想定したうえで、自分はそのバッシングや批判に耐えられるか、堂々と反論できるか、真剣にシミュレーションしてみる。あるいは、バッシングを乗り越える方法はあるか、具体的に考えてみる。

　そして、覚悟や乗り越える方法が見つかった場合だけやればいい。逆に、自分が批判に耐えられないと思ったり、乗り越える方法を思いつかなかったりしたら、その選択肢はとっとと捨てればいい。

　でも、たいていの場合、あなたは、批判を乗り越えることができる。反発を受ける状況を真正面から想像することで、あなたのなかに強い覚悟も生まれてくる。「確信犯」として選択すれば、周囲にあなたの毅然とした姿勢が伝わり、批判する声は消えていく。

　これからの時代は、あらゆることを想定してなおかつ冒険できる「確信犯」が、成功できる時代だ。独創性と知性を兼ね備えている水瓶座のあなたが「確信犯」として選択すれば、最後はみんなが納得するような「新しい決断」をすることができるだろう。

15

理想でも
妥協でもなく
「斜め上」の選択を

独創的でありながら知性もある水瓶座は、理想と現実の間で悩むことが多い。

　理想があるのに、コストや時間などの物理的条件や人間関係、組織の事情で、そのまま実現することが難しくなってしまった。そういうとき、それでもかたくなに理想をつらぬこうとするのか、逆に現実に合わせてあきらめるのか。

　水瓶座はそのどちらもするべきではない。かといって、理想と現実の中間で折り合いをつけたり、落としどころを探ったりするのも違う。

　水瓶座が考えるべきなのは、「斜め上」の選択だ。

　たとえば、会社で環境保護のプロジェクトを立ち上げたいのに、圧倒的に予算が足りないなら、規模を縮小したり、プロジェクトをあきらめるのでなく、別の会社とコラボしたり、自治体のスポンサーになるという形で実現する。

　留学して異文化を学びたいのに、金銭的に難しいなら、NGOのボランティアなどで海外に行く、国内で難民や困っている外国人のためのボランティアをすることで、異文化に触れる。

　そういうふうに、理想を超えるもうひとつの選択、「斜め上」の選択をどう見つけるか。それが水瓶座の腕の見せどころだ。

　この発想の転換と発見は、普通の人にはとてもむずかしいけれど、知性があって、かつ常識に縛られない水瓶座なら、それを見つけることができる。

　ポイントは、前に進むか後ろに下がるか、上か下かの二者択一の発想を捨てること。前提条件をすべて取っ払って、純粋に一番やりたいことだけを考えること。そうすれば、「斜め上」の選択が頭にひらめく。当初、抱いていた目標や理想をも超えるような、画期的な選択を導き出すことができるだろう。

平和と愛のメッセージを
発信し続ける

オノ・ヨーコ
Yoko Ono

1933 年 2 月 18 日生まれ
音楽家・前衛芸術家

学習院大学を経て、アメリカのサラ・ローレンス大学で音楽と
詩を学び、前衛芸術家に。1966 年、ロンドンでジョン・レノ
ンと運命的な出会いを果たし、1969 年に結婚。ビートルズを
解散させた女としてバッシングされながらも、反戦メッセージを
込めたジョンとのコラボレーション作を次々と発表した。ジョン
亡き後も前衛芸術や平和への活動を精力的に展開。2009 年、
第53回ベネチア・ビエンナーレ生涯業績部門で金獅子賞受賞。

参考 「VOGUE JAPAN」
https://www.vogue.co.jp/tag/yoko-ono

AQUARIUS

PERSON
水瓶座の偉人

6

"バスケットボールの神" と呼ばれるNBAの レジェンド

マイケル・ジョーダン
Michael Jordan

1963年2月17日生まれ
元プロバスケットボール選手

アメリカ・ニューヨーク出身。兄の影響でバスケットボールをは じめ、高校・大学時代から頭角を現す。1984年にNBAの シカゴ・ブルズへ入団。1年目から華々しい活躍を見せ、数々 の伝説的な記録を打ち立てた。滞空時間の長いダンクシュート など、身体能力を活かしたダイナミックなプレーは見る者を圧 倒。専属契約を結んだナイキのバスケットシューズ「エアジョー ダン」は一大ブームとなり、カルチャーにも大きな影響を与えた。

参考 「NBA.com」
https://www.nba.com/news/history-nba-legend-michael-jordan

AQUARIUS

CHAPTER 4

壁を乗り越えるために

【試練／ピンチ】

あなたの力が本当に試されるのはいつか？
失敗したとき、壁にぶつかったとき、
落ち込んだとき……。
でも、大丈夫。
あなたは、あなたのやり方で、
ピンチから脱出できる。

AQUARIUS

16

失敗を
「実験の途中」と
考える

水瓶座は、失敗や挫折から逃れられない。それは、水瓶座が、新しいことにチャレンジする星座だから。やったことのないことをやると、当然、うまくいかないことが多くなる。

　大切なのは、それをどうとらえるか。失敗や挫折を、試行錯誤の途中経過と考えられた人が、成功まで辿り着くことができる。

　水瓶座のエジソンは、偉大な発明の裏で何度も失敗を繰り返したが、その失敗について「失敗したことはない。うまくいかない方法を１万通り発見した」というふうに振り返っている。

　唯一無二の車を生み出したエンツォ・フェラーリもはじめてのレースでリタイアしてしまったときに、幸先のいい失敗だと語った。

　彼らは、強がりで言っていたわけではない。本心から、失敗を何百回もやる実験結果の１回にすぎないと考え、次の瞬間、うまくいかなかった原因は何か、どう改良するか、次の実験でさらに何を試すか、むしろワクワクしていたはずだ。

　あなたの心の奥底にも、同じような、失敗を楽しむくらいのイノベーター精神が眠っているはずだ。

　じゃあ、どうやってその精神を目覚めさせるのか。

　方法は簡単だ。失敗して落ち込みそうになったら、その前にすぐ、次に活かせる成果や改善すべきところを考える。次のチャレンジのスケジュールを立てる。

　ポイントは、反省せず、現象だけを客観的に分析すること。すぐに次に行くこと。それを強く意識して行動していれば、落ち込むヒマなんてなくなってしまう。自然に、失敗を「実験の途中」と考えるようになる。そして、「落ち込まない失敗」を積み重ねていけば、きっと大きな成功に辿り着くことができる。

17

競争から「降りる」

あなたがいま、しんどい、行き詰まっていると感じているなら、それは「競争」に疲れているからではないだろうか。

　水瓶座は本来、競争や勝ち負け、ヒエラルキーから自由なところにいる星座。みんなが競争に汲々としていても、勝ち負けと関係なく動いておもしろい成果を出す。みんなが上を目指そうと必死でもがいているときに、別の角度で、高みに駆け上がっていく。

　でも、そんな水瓶座でも、みんながマウントを取り合っているような激しい競争社会のなかにいると、知らず知らずのうちに、意味のない競争に巻き込まれたり、無意識に勝ち負けにこだわってしまったりすることがある。

　競争を強いられる状態が続くと、結果とは関係なく、水瓶座らしい自由を求める精神が疲弊して、やる気を失ったり、落ち込んだり、ひどいときにはうつっぽくなってしまう。

　だから行き詰まっている、しんどいときは、自分が何か無意味な競争に巻き込まれていないか、チェックしてみよう。そして、いま、自分のエネルギーを奪っている競争から、とっとと降りてしまえばいい。

　それは、しんどい思いから逃げるためだけじゃない。競争を降りることで、あなたらしい「別のゴール」や、そのゴールを達成するためのいろんなアイデアが浮かんでくる。

　たとえば仕事だったら、売上を上げるのでなく、新しい商品を考える。勉強だったら、学校の成績を上げるのでなく、誰もやっていない分野を研究する。あるいは、趣味やボランティアのサークルを立ち上げてみる。

　そうやって、新しいゴールに向かい始めたら、あなたのしんどさや行き詰まりもきっと、どこかに消え去ってしまうはずだ。

18

壁は
乗り越えるのでなく
「ひっくり返す」

『常識を突き抜けろ　水瓶座の君へ贈る言葉』読者アンケート

本書をお買上げいただき、まことにありがとうございます。
読者サービスならびに出版活動の改善に役立てたいと考えておりますので
ぜひアンケートにご協力をお願い申し上げます。

■**本書はいかがでしたか？**　該当するものに○をつけてください。

最悪	悪い	普通	良い	最高
★	★★	★★★	★★★★	★★★★★

■**本書を読んだ感想をお書きください。**

切手を
お貼り下さい

113-0023

東京都文京区向丘2-14-9

サンクチュアリ出版

『常識を突き抜けろ　水瓶座の君へ贈る言葉』
読者アンケート係

ご住所　〒□□□-□□□□	
TEL※	
メールアドレス※	
お名前	男 ・ 女 （　　歳）
ご職業 1 会社員　2 専業主婦　3 パート・アルバイト　4 自営業　5 会社経営　6 学生　7 その他	

ご記入いただいたメールアドレスには弊社より新刊のお知らせや イベント情報などを送らせていただきます。 希望されない方は、こちらにチェックマークを入れてください。	メルマガ不要 □

ご記入いただいた個人情報は、プレゼントや感想に関するご連絡およびメルマガ配信のみに使用し、
その目的以外に使用することはありません。
**※プレゼントのご連絡に必要になりますので、電話番号およびメールアドレス、
　両方の記載をお願いします。**

弊社HPにレビューを掲載させていただいた方全員にAmazonギフト券（1000円分）をさしあげます。

目の前にある壁をどう乗り越えるか、は星座によって違う。

　まっしぐらに正面からぶつかって壁をぶち抜く、努力して壁を
よじのぼって乗り越える、迂回路を見つけて壁を避けてゴールに
行こうとする、壁から逃げ出す、壁が消えるのを待つ……。

　水瓶座の場合は、そのどれでもない。もっとクリエイティブな
方法で壁を乗り越えることができる。

　いや、それは乗り越えるというより、壁を、あるいは自分が立っ
ている場所を「ひっくり返す」という感覚。

　それまで神が創った生き物は世界の最初から変わらない、と
いう考えが常識だった時代に、生物の進化という革命的な発想
の転換をもたらしたのも水瓶座のダーウィンだった。水瓶座には
世界の見方をひっくり返す力がある。

　だから、乗り越えられない壁にぶつかったと感じたときは、い
ろんな前提を取っ払って、すべてをひっくり返してみたらいい。

　そもそも、それは壁なのか。壁の向こうに本当にゴールがある
のか。壁のある方向が、自分の行くべき方向なのか。根本を疑っ
て、発想を逆転させれば、まったく別の解決策が見えてくる。

　お店を開きたいのにお金がなくて行き詰まっていたら、オンラ
インショップを始める。やりたいことがあるのに上司や会社がや
らしてくれないなら、そんな会社をやめて、自分の能力を評価し
てくれる会社に転職する、自分で１から起業する。

　壁は正対しているままなら高い壁だけれど、背を向けたら見え
なくなるし、逆立ちしたら、上下逆になって "一番上" に手が届
く。それと同じで、発想を転換し、ゲームのルールをひっくり返
してしまえば、壁は壁でなくなる。あなたの前から壁は消えて、
前に進むことが楽しくなる。

　スキップしながら、未来に向かって進んでいけるだろう。

19

「しれっ」と
軌道修正する

常識にとらわれない新しい発想ができて一見柔軟な印象のある水瓶座だけれど、一方でものすごく頑固な側面がある。とくに、何かを選択してうまくいかなかったり、失敗したり、よくない方向に向かっていたりするときほど、その傾向が強くなる。

　周りにアドバイスされたり、批判されたりしても、これでいいんだ、自分は間違っていないと、自説を曲げない。論理性があるぶん、正当化しようと理屈づけるから、確証バイアスが働き、どんどん間違った考えから逃れられなくなる。

　だから、水瓶座が「これはヤバいな」と思ったときは、思い込みが強化されないうちに、早めに軌道修正したほうがいい。

　水瓶座は知性があって思考力もあるから、薄々間違いに気づいていることが多い。ただ、自分の一貫性を守りたい、弱みを見せたくない気持ちが邪魔をして、軌道修正できないだけなのだ。

　でも、いいタイミングで軌道修正するにはどうしたらいい?

　水瓶座におすすめなのは、失敗や間違った選択をなかったことにしてしまうという方法。それをやったということすら自分の歴史のなかから消してしまうのだ。

　人に聞かれても、何食わぬ顔で「それって何のことだっけ?」と言ってしまうくらいに、綺麗さっぱりと記憶から消し去ってしまおう。あるいは、記憶を書き換えてしまうのもありだ。

　周りは、ずるいというかもしれないけれど、気にしなくていい。間違っていたと気づいた過去は、綺麗さっぱりなかったことにしてしまえばいい。

　水瓶座は、記憶を書き換えたとしても、時間が経てば必ず冷静に分析して糧にできるときが来る。

　それまで、ただ忘れて、未来だけに目を向けてみよう。

20

自分の
「傷ついた感情」に
寄り添う

水瓶座は、できるだけ感情を排して物事を見ようとする。それ自体はいいことだし、水瓶座の公平性や信頼感にもつながる。

　問題は、辛いことがあったり、精神的にダメージを負ったりしているとき。そういう状況でも、水瓶座は「感情が邪魔をしているだけ」「感情的なことは横に置いておこう」と、スルーしてしまう。自分の辛い感情から目を背けて平気なふりをしてしまう。それが癖になると、自分が傷ついたり、落ち込んでいたりすることに気づかなくなってしまうこともある。

　でも、見ないふりをしていても、あなた自身が気づいていなくても、あなたの感情は確実にダメージを受けていて、その傷は、どんどん大きく深くなってゆく。

　だから、もしすこしでも、気分が落ち込んでいるな、どんよりして調子が出ないなと思うときは、自分の感情をないことにしないで、きちんと目を向けて気づいてあげよう。

　そのために「メタ認知」など心理学の方法を参考にするのもいいかもしれない。

　自分のいまの感情を、自分の外側、一段高い場所から俯瞰して認識するのだ。いまの感情は、怒りなのか、悲しみなのか、孤独感なのか。最近、自分に影響を与えるようなマイナスの出来事がなかったか、それをどう解釈したのか。そうやって細かく分析すると、いま抱いている気持ち、本当の感情が具体的にわかってくる。

　その感情をコントロールしようとする必要はない。

　重要なのは「自分は落ち込んでいる」「自分は傷ついている」と、いまの感情を受け止めること。それだけで、あなたは楽になって、落ち込みからすこし回復できる。新しい何かに向かう意欲やチャレンジする気持ちもよみがえってくるだろう。

AQUARIUS

PERSON
水瓶座の偉人
7

若者たちの心をつかむ
アイコニックなポップスター

ハリー・スタイルズ
Harry Styles

1994 年 2 月 1 日生まれ
ミュージシャン・俳優

イギリス出身。人気番組『X ファクター』で才能を見出され、
2010 年にワン・ダイレクション（1D）を結成。デビューアルバ
ム『Up All Night』は全米初登場 1 位。2015 年のジャパン・
ツアーでは 20 万人を動員するなど世界中で "1D 旋風" を巻
き起こした。2017 年からソロデビューし、アルバム『ハリー・
スタイルズ』は世界 55 カ国以上で 1 位に。同年、俳優として
映画『ダンケルク』に初出演するなど活躍の場を広げている。

参考 「ソニーミュージックオフィシャルサイト」
https://www.sonymusic.co.jp/artist/harrystyles/profile/

日本の女性解放運動の
先駆者

平塚らいてう
Raicho Hiratsuka

1886 年 2 月 10 日生まれ
社会運動家・作家

元始、女性は太陽であった——1911 年刊行の『青鞜』創刊号
は、平塚らいてうの堂々たる宣言からはじまる。日本女子大学
を卒業後、1911 年に青鞜社を設立し、女性による女性のため
の文芸誌『青鞜』を創刊。母性保護論争を経て、市川房枝らと
婦人参政権運動に取り組んだ。戦後は平和活動にも力を尽くす。
家父長制からの脱却、女性の自我の獲得と自由恋愛を求めた「新
しい女」像は、日本の女性解放運動に大きな影響を与えた。

参考 「国立国会図書館 近代日本人の肖像」
https://www.ndl.go.jp/portrait/datas/380/

AQUARIUS

CHAPTER 5

出会い、
つながるために

【人間関係／恋愛】

あなたが愛すべき人はどんな人か？
あなたのことをわかってくれるのは誰？
あなたがあなたらしくいられる人、
あなたを成長させてくれる人。
彼らとより心地いい関係を結ぶには？

21

フラットな視線で
「ネットワーク」を
横に広げていこう

読者様限定 プレゼント

「12星座の君へ贈る言葉」シリーズ

鏡リュウジ：著

メールアドレス
を登録する
だけ！

特別無料 PDFファイル

著者・鏡リュウジ氏による特典

「星座別のラッキーアイテム」

PDFを無料でお楽しみいただけます。

QRコードか
メールアドレスに **空メールを送るだけ**

12seiza@sanctuarybooks.jp

★星座別におすすめしたい
　ラッキーアイテムをご紹介
★ダウンロードして、毎日チェックも!

※内容は変更になる可能性がございます。
※メールの件名・本文が空欄のままだと送信エラーになる場合があります。
　その際は"登録希望"など任意の文字を入れて送信してください。

ホロスコープにおける水瓶座の定位置、11ハウスは「友人のハウス」。だからなのか、水瓶座はバックグラウンドや性別、地位に関係なく、誰に対しても「フラット」な目線を持ち、対等につきあうことができる。その結果、いろんなジャンルの友だちが増えて、横に「ネットワーク」を広げていける。

　これは、水瓶座の大きな武器だ。

　世の中はあいかわらず縦の関係が幅を利かせている。上司と部下、先輩と後輩、同級生や同僚であってもマウントを取り合って、力あるものと力のないものの上下関係が生まれている。

　そして、いったん縦の関係ができると、関係が硬直化し、意思疎通ができなくなって、クリエイティブな発想が失われてゆく。

　でも、水瓶座には、「フラットな目線」と「横に広がるネットワーク」で、くだらない縦の関係を揺さぶり、乗り越えてほしい。たとえば、上下関係が厳しい会社に所属していても、そんなことは気にせず、上司に対して対等にものを言い続ければいい。

　それでも、上から押さえつけられたら、会社の外へどんどんネットワークを広げていこう。同業他社、あるいはまったく異業種のおもしろい人たちと仲良くなれば、クリエイティブな能力をブラッシュアップできるし、自信を持つことができる。いまいる場所で、もう一度、上からの圧力を跳ね飛ばすエネルギーも湧いてくる。

　そして、あなたがもし、上の立場に立ったら、みんなが自由に対等にものをいえる「フラット」な組織をつくってほしい。

　ビジネスでもスポーツでも、いまは上司や監督にも自由にものをいえる風通しの良い組織づくり、フラットマネジメントが成功の秘訣といわれている。対等に、横に人間関係を広げていけるあなたの力はこれから、いろんな場所で必要とされるだろう。

22

「感情以外」の軸で
人とつながればいい

水瓶座には、コミュニケーションに苦手意識を持つ人が多い。

　水瓶座は伝えたいことをきちんと伝えられるし、理解力もあるのに、そんなふうに感じるのは、「感情」の共有が不得意だから。

　みんなが一緒になってよろこんでいるときに自分だけそこまでよろこべなかったり、友だちの悩みを聞かされても、冷静で事務的なアドバイスをしてしまい関係がギクシャクしたり。

　その結果、自分は人の心のわからない冷たい人間だとコンプレックスを感じて、人づきあいに臆病になってしまうこともある。

　でも、人と人をつなげるのは「感情」だけじゃない。仕事、利害、趣味、情報、思想、推し、スポーツ、習慣、ペット……いろんなものを媒介に、人はつながれる。

　味気ないと思うかもしれないが、そんなことはない。逆に感情じゃないからこそ、お互いの個性を認め合って、いい信頼関係が築ける。違いが生じても、それで嫌いになったりしない。

　むしろ、「感情以外」の軸でつながるほうが、感情でつながるよりも素敵な関係になることもある。関係が壊れずに長続きする。

　だから、ドライと言われることを怖れず、あなたにとって、一番心地のいい軸で人とつながってゆこう。

　たとえば、リアルでは会うことのない趣味のSNSでつながる友だちをどんどん増やしてもいい。ペットを連れて同じ公園に同じ時間帯に偶然集まるような関係があれば、それ以上詮索しないで明日も同じ時間に行けばいい。推し活仲間なら、推しのことだけを熱く深く語り合えれば、それでいい。

　それだけで、十分人生は楽しくなるし、豊かになる。そこから、すこしずつ、深い感情を共有できるようになって、親友や特別な関係が生まれることもある。

23

運命の恋は
「ベストフレンド」
から始まる

水瓶座が「運命の恋」を見つけるにはどうすればいいのだろう。

　水瓶座はモテるし、恋愛経験がないわけじゃないけれど、情熱的な恋とは無縁な人が多い。あなたも「その人を思うと夜も眠れなかった」とか「その人の顔を見るだけで胸が張りさけそう」というような経験はあまりないのではないだろうか。

　でも、燃え上がるような情熱的な恋ができなくても、水瓶座が「運命の恋」に出会えないわけじゃない。

　水瓶座は「運命の人」とも、普通の友だちと仲良くなるように、自然に穏やかに関係が始まることが多い。出会ったときも恋愛フラグなんてなくて、むしろもっと前から知っていたような感覚。

　会話の中身も、いきなりマニアックな趣味の話をしたり、何かを見たときの感動ポイントについて話し合ったり、誰かの悪口で盛り上がったり、お互いの小さい頃の話をいっぱいしていたり、あるいは、何かのテーマで意見が真っ向対立して議論が白熱したり。

　そう、まさに「親友」と出会うように、「運命の人」と出会うのだ。そして、出会ったあとも、友情を温めるように、関係が育っていく。ヤキモチを焼いたり、会いたくて寂しくなるというパターンでなく、次会ったときにこのネタをしゃべりたいなと楽しみに思ったり、相手の話をきっかけに、自分の趣味が広がっていく。

　最初はもちろん、ただの友だちか運命の恋か、あなたにもきっとわからないだろう。周りも恋人なのか友だちなのかわからないというかもしれない。

　でも、それでいい。その人とは必ず深いところでつながっている。友だちとの関係を楽しむように関係を続けていれば、他の友だちとは違う「ベストフレンド」へ、そして「運命の人」へと変わっていく。きっと水瓶座らしい「運命の恋」に出会えるはずだ。

AQUARIUS

24

「ひとり」と「ふたり」を両立させる

恋愛ってめんどうくさい……あなたはそんなふうに感じることがないだろうか。つきあい始めてすぐ、理由もないのに別れてしまったり、すごくモテるのに、特定の相手との交際をためらったり。

　水瓶座の守護星は変化を象徴する天王星。だからひとつの関係がずっと続くと思うと、自由を奪われる気がして、息苦しくなる。

　でも水瓶座は一方で、誰かと深い関係になりたいという思いも強く持っている。何にも媚びないでひとりで立っているからこそ、その孤独に寄り添ってくれる存在を求めている。

　自由でいたい気持ちと、誰かとつながりたい気持ち。このアンビバレントな2つの思いをどう両立させればいいんだろう。

　そのためには、ひとりの人と一緒にいながらも、自分が自由でいられる関係をつくればいい。

　たとえば、旅行に行っても、お互い別行動する時間をつくったり、一緒に暮らしたりしていてもそれぞれの個別の部屋を持つ。時折、ポジティブな家出をするのもいい。小旅行に出かけたり、友だちの家に泊まりに行ったり。物理的なものだけでなく、好きなアイドルのことを考える、恋愛漫画を読みふけるといった精神の家出でもかまわない。それでもどうしても息苦しく感じるなら、別居婚や週末婚みたいな形もありだ。

　大切なのは、「恋愛」の固定観念にとらわれないこと。自由な形の恋愛や結婚を追求すれば、誰といてもあなたらしくいられるようになる。「ふたり」でいながら「ひとり」の感覚を保てるし、「ひとり」の自由を追求しながら「ふたり」のつながりを大切にできる。

　その心地よさは相手も同じ。お互い自由でありながら、ずっと一緒にいられる、そんな素敵な関係になるだろう。

25

これから
あなたが「愛すべき人」
あなたを「愛してくれる人」

" 精神的に自立している人、自分の気持ちをはっきり言える人 "

　自由でいたいけれど孤独は嫌、そんな矛盾した気持ちを持つ水瓶座にぴったりなのは、あなたに依存せず、縛り付けず、自立している人。他人の感情を推し量ることが苦手だから、気持ちをはっきり伝えてくれる人もいい。そういう人に出会えて、フラットな関係が築ければ、きっと水瓶座らしい人生を送ることができる。

" 共に新しいことにチャレンジする「同志」のような人 "

　お互いを見つめ合う恋愛も悪くないけれど、水瓶座は一緒に新しいことにチャレンジできる「同志」のような恋がいい。あなたと同じような好奇心を持つ人に出会い、その人と一緒にお店を立ち上げたり、起業したり、一緒に冒険の旅に出かける。そんな人生が送れたら、何十倍もの幸せや充実感を得ることができるだろう。

" 距離を詰めてくる、ちょっとめんどうくさい人 "

　人と距離を取りたがる水瓶座には、逆に、距離を詰めてくる人もいい。あなたの隠された孤独を察知し、踏み込んでくる人。そういう人をめんどうくさいと思わず、新しい価値観を学ぶようにつきあってみると、いままで感じたことのない " うるおい " を感じられるようになる。その優しさが、身にしみるようになる。

日本のイノベーションを
牽引した天才経営者

盛田昭夫
Akio Morita

1921 年 1 月 26 日生まれ
ソニー創業者

愛知県生まれ。太平洋戦争末期に井深大氏と出会い、1946
年にソニーの前身となる東京通信工業を共に創業。その後、
日本初のトランジスタラジオや世界で大ヒットしたウォークマ
ンなど、革新的な製品を送り出し、ソニーブランドを確立。
町工場だったソニーをグローバル企業へと導いた。新しい商品
によって新しい文化をつくるという彼の経営哲学は、まさに市
場を創造する「破壊的イノベーション」だったといえるだろう。

参考　森健二（著）『ソニー 盛田昭夫 "時代の才能" を本気にさせたリーダー』
2016 年　ダイヤモンド社

非暴力運動を主導し
リベリア内戦終結に貢献

リーマ・ボウイー
Leymah Gbowee

1972 年 2 月 1 日生まれ
平和活動家

14 年にわたって内戦が続いたリベリアで、様々な民族や宗教的背景の女性たちを組織し、非暴力運動を主導。女性に対する暴力や内戦停止を求めた。女性たちの座り込みデモによる『平和への大衆行動』は実を結び、2003 年に停戦が実現。戦後は WIPSEN（女性の平和と安全ネットワーク）を創設、世界各地の女性の安全と権利を支援する活動に注力する。2011 年にノーベル平和賞受賞。6 人の子どもを持つシングルマザーでもある。

参考　リーマ・ボウイー、キャロル・ミザーズ（著）東方雅美（訳）『祈りよ力となれ　リーマ・ボウイー自伝』2012 年 英治出版

AQUARIUS

CHAPTER 6
自分をもっと
成長させるために

【心がけ／ルール】

自分らしさってなんだろう？
誰もが、持って生まれたものがある。
でも、大人になるうちに、
本来の自分を失ってはいないか。
本来持っているはずの自分を発揮するために、
大切にするべきことは？

AQUARIUS

26

「なぜ?」を
進化させていく

何度もいってきたように、疑問を持つことが、水瓶座の生命線。「なぜ?」「どうして?」と問いかければ問いかけるほど、あなたはモチベーションやアイデアが湧いてくる。子ども時代のエジソンのように「なぜなぜキッズ」の魂を持っている。

　そんなあなたに、これから意識してほしいのは、「なぜ?」「どうして?」のレベルを上げること。素朴な疑問も大事だけれど、「問い」そのものを進化させていこう。

　まず、おすすめなのが「問い」の範囲・目的を広げていくこと。たとえば、個人的に「なんで印鑑を使わなきゃいけないの?」という疑問を持っているなら、「会社で印鑑が不要なシステムにするには?」「日本社会を印鑑レスにするには?」と、「問い」の視野を「私」からどんどん外に広げていく。

　難問にぶつかったときは、「問い」をずらす、という方法もいい。

　お店でお客さんの待ち時間が長いことが問題になっていたら、普通は「待ち時間をどう短くするか」を考えるけれど、「待ち時間をどう楽しませるか」にずらして、新しいアイデアを考える。

　さらにチャレンジしてほしいのは、「問い」をより強くすること。「ハンディキャップのある人が暮らしやすい社会をどうつくるか」から、「ハンディキャップのある人が楽しく暮らせる社会をどうつくるか」に進化させれば、答えももっとクリエイティブになる。

　ときには、「問い」そのものを疑うことも必要かもしれない。

　たとえば「A大学か、B大学か」で悩んでいたら、その問いを疑って、そもそも「なんで大学に行きたいのか?」「本当に大学に行く必要はあるのか?」ともっと深いところへ意識を持っていく。

　なぜなぜキッズから、問いの達人へ。「問い」のレベルが上がれば上がるほど、あなたの未来も大きく広がっていくだろう。

27

「他人の感情」
に対する
解像度を上げる

物事を冷静に見て、妥当な判断ができる水瓶座。でも一方で、客観的に正しい対応をしているつもりなのに、いっこうに解決しなかったり、問題がこじれたりしてトラブルになるケースも少なくない。

　それは、「感情の部分」を無視しているからではないだろうか。

　人は、理屈だけで動いているわけじゃない。頭では、いわれたことが正しいとわかっていても感情的に受け入れられなかったり、一言、自分の感情を癒してくれる言葉があれば納得できるのに、それがなくて意地になってしまったりすることもある。

　もちろん水瓶座は、人の心の動きがわからないわけではない。誰が何を考えているかも理解できる。ただ、感情に流されず、フラットにものを見ようとするあまり、あえて感情を無視してしまう。

　部下が労いの言葉がほしくて仕事のしんどさを訴えているのに、すぐ仕事を減らそうという結論をいって、やる気を削いでしまったり。仕事先からクレームを入れられて、事務的な対処法だけをメールで送ってしまい、相手をさらに怒らせたり。

　水瓶座のこれからの課題は、人の感情に対して閉ざしているシャッターを開き、感情の機微に敏感になること。

　もっと優しくしろといっているわけじゃない。あなたが、普段、感情以外の部分でそうしているように、感情に対しても解像度を上げて、その動きを敏感に察知すること。言葉をそのままで受け止めるのでなく、その裏にある本当の気持ちを、読み取ろうとすること。たとえば、恋人に「仕事と私、どっちが大事?」といわれたときに、どっちかを答えるのでなく、淋しい気持ちを理解して、そこにどう寄り添うかを考える。

　知性があって、思考力のある水瓶座のあなたが人の感情への理解が深まれば、もう一段上のレベルに行くことができるだろう。

28

「コスパ」「タイパ」から
自由になる

何においても、効率が求められる時代。みんなが、コストパフォーマンスやタイムパフォーマンスを計算している。いかに少ない労力で効果を得るか。いかに無駄なことにエネルギーを使わないか。どうやって経費を削って効果的に利益を上げるか。いかに短時間で仕事量を増やすか。「コスパ、タイパがいい」ことが、何より重要だとされている。

　でも、「コスパ」「タイパ」の追求は、水瓶座にとっていいことばかりでもない。むしろ、大事なものを損なうこともある。

　大事なものとは独創性、アイデア力。ユニークな発想、アイデアを生み出す力は水瓶座の最大の武器であり、生きる意味。でも、効率だけを求めていくと、アイデアがどんどん平準化されて、当たり障りのない大量生産型の発想しか出てこなくなってしまう。

　むしろ、独創性やアイデア、クリエイティビティは、無駄や失敗、非合理性によって、生み出されることのほうが多い。

　だから、あなたもなるべく「コスパ」や「タイパ」から自由でいたほうがいい。ときには、あえて「コスパ」や「タイパ」の逆をいってみよう。企画を考えるときは、予算や利益率を考えずに、自由にアイデアを出す。ものづくりをしているなら、締め切りよりもクオリティを優先して、思い切り時間をかける。

　日常生活でも同じ。動画を倍速で見るより、無駄に長い映画を見る。要点をまとめたビジネス書ではなく、解読するのが困難な原典に挑戦する。評価の低いお店や人気のない商品をあえて買ってみる。何も生み出さないぼんやりとした時間を過ごす。

　そうやって、コスパやタイパから自由な時間を持てば、あなたのクリエイティビティはますます磨かれて、前にもましてユニークなアイデアが湧いてくるはずだ。

29

「ゲームの仕組み」を
見抜く

水瓶座にはゲームが得意な人が多い。理由は、水瓶座が頭の回転が速い、反射神経がいいということもあるけれど、もっと大きいのは、「仕組み」を見抜く力があるから。

　そのゲームのルールがどういう「構造」になっているのか、ルールをどう自分に有利なように利用できるか、どのポイントをおさえれば攻略できる確率が高いか、どこに落とし穴があるか、を推察することができる。

　その力を、リアルな世界でも使ってみよう。仕事や趣味や日常生活に対して、ゲームを探るように、分析してみよう。

　そのために必要なのは、課題を見たままとらえるのでなく、裏にある「構造」を意識すること。細かい「要素」に分解して考えること。そのうえで、要素同士の関係性や力学を分析すれば、何が鍵を握っているか、リスク要因がどこにあるか、がわかってくる。

　たとえば、企画を通したいと思ったら、目的、クオリティ、競合他社、社内調整などのクリアすべき要素をあげていく。そのうえで、それぞれがどう影響し合うか、どの要素を重視すべきか。ネックや鍵になる要素は何か、を分析してみる。そうすると、この要素をおさえれば、企画が通るというポイントがわかってくる。

　SNSのフォロワーを増やしたいときも同じ。自分のコンテンツの中身、いまのトレンド、SNSの特性、ターゲットなどの要素を考えながら、インフルエンサーの成功例や、バズった経緯などを分析し、自分なりのバズらせる法則を見つけていく。

　大切なのは、何をしていても、個別の出来事に一喜一憂するのでなく、背景の「構造」「仕組み」に目を凝らすこと。そうすれば、きっと解決法が見つかる。ゲームのステージを次々攻略するように、課題やミッションを軽々とクリアできるようになるだろう。

AQUARIUS

30

あえて
「ハレーション」を
起こそう

「出る杭は打たれる」風潮が最近、ますます強くなっている。職場や学校でちょっと目立つ言動をしただけで、「空気が読めない」と叩かれ、ネットでは些細な失言で炎上が起きる。

　常識をくつがえし、新しいものを生み出そうとしたらなおさらだ。集団のなかで孤立したり、激しいバッシングにさらされたりすることが少なくない。

　でも、水瓶座はそんなことを恐れず、新しいチャレンジを続けてほしい。むしろ「タブー」に踏み込み、あえて「ハレーション」を引き起こすくらいのことをしたっていい。

　天王星を守護星に持つ水瓶座の魂にはプロメテウスの記憶が刻まれている。ギリシア神話の英雄・プロメテウスはタブーだった火を神の世界から盗み出し、人間に与えた。プロメテウスはゼウスから残酷な罰を与えられ、永遠に苦しむことになったが、人類はその火によって豊かな文明を築いた。

　水瓶座生まれのダーウィンもそう。進化論を唱え当時は保守的な人々から激しい非難を受けたが、どんなに攻撃されても自説を一切曲げようとしなかった。

　だからあなたも怖がらなくていい。周囲と摩擦やハレーションが起きるのは、世界を変えようとしている証拠。臆さず挑戦を続けていけば、あなたを批判する人たちも、いつの間にか消えていなくなる。逆に、あなたのチャレンジを支持する声がすこしずつ大きくなってゆくだろう。

　だから、あえてハレーションを引き起こすくらいの気持ちで、古い常識に挑もう。自分の抱いた疑問を素直に口に出して、新しいものを生み出そうとすればいい。

　摩擦や炎上はあなたの革命の始まりなのだから。

アメリカ開拓時代の暮らしを
いきいきと描き出す

ローラ・インガルス・ワイルダー
Laura Ingalls Wilder

1867 年 2 月 7 日生まれ
児童文学作家

アメリカ・ウィスコンシン州生まれ。新天地を求める父に連れられ、幼少期からアメリカ中西部の各地を、家族と共に転々とする。1932 年、65 歳のときに自伝的作品である『大きな森の小さな家』（岩波書店）を出版。自給自足の開拓生活と支え合う家族の絆を温かく描き、読者を魅了した。物語を基にしたテレビシリーズで人気はさらに高まり、全 9 冊にのぼる「小さな家シリーズ」は、いまなお世界中で読み継がれている。

参考　ローラ・インガルス・ワイルダー（著）谷口由美子（訳）『長い冬』2000年 岩波書店

"弱さ"も併せ持つヒーローが
子どもたちの心を救う

やなせたかし

Takashi Yanase

1919 年 2 月 6 日生まれ

絵本作家

少年時代を高知県で過ごし、戦後は漫画家に。1960 年代には「手のひらを太陽に」などの作詞をはじめ、舞台美術やテレビの司会などマルチに活躍する。1973 年、54 歳のときに『あんぱんまん』（フレーベル館）を掲載。「空腹に苦しむ人に顔を食べさせて助ける」一風変わった正義のヒーローは、1988 年にアニメ化され、爆発的な人気を得た。「人生は喜ばせごっこ」と語り、94 歳で永眠するまで東日本大震災の被災地支援などを続けた。

参考　「香美市立やなせたかし記念館」
https://anpanman-museum.net/yanase/

AQUARIUS

CHAPTER 7

新しい世界を
生きていくために

【未来／課題／新しい自分】

水瓶座は、これからの時代をどう生きていくのか。
変わっていく新しい世界で、
未来のあなたがより輝くために、
より豊かな人生を生きていくために、
水瓶座が新しい自分に出会うために、大切なこと。

31

あなたの価値観が
新しい時代の
「メインストリーム」
になる

新しい時代を表す「風の時代」というワードがよく使われるけれど、元になっているのは占星術。2020年、風の星座である水瓶座で、木星と土星が接近する「グレートコンジャクション」が起きたことが、時代を大きく転換させると考えられた。

　つまり「風の時代」は「水瓶座が先駆けになる時代」といっていい。

　実際、いま、社会の多くの場所で"水瓶座的なもの"が強く求められている。ビジネス本を読んでも「常識にとらわれない発想」「どこにもないものを生み出すイノベーション精神」「ものより情報を重視する姿勢」など、水瓶座の特性を表すような言葉が目に飛び込んでくる。

　今後、この傾向はさらに強くなっていくだろう。水瓶座はこれまで「変わり者」扱いされることが多かったけれど、「風の時代」では、その考え方、価値観が「メインストリーム」になる。

　だから、あなたも自信を持って新しい時代に突き進んでいけばいい。これまで通り古い慣習や常識を疑い、新しいことを生み出そうとしていれば、自然と周りから評価されるようになる。

　さらに、これからは、自分が先に進むだけじゃなく、古い常識や慣習に縛られている人たちを新しい時代にひっぱっていくことも意識してほしい。仕事でも勉強でもSNSでも、みんなが当たり前にやっていることに違和感を感じたら、空気なんて気にせず「それって本当に必要なの?」と疑問を投げかけ、まったく違う新しいやり方を提案していく。世の中を変えるような新しいものを見つけたら、積極的にそれを後押しして社会に広めていく。

　前に進みながら、後ろにいる人たちを振り返って啓蒙してゆく――その姿勢を持てば、あなたはきっと新しい時代の「主役」になれるはずだ。

AQUARIUS

32

「仮」の気分から
一歩踏み込む

「とりあえず、やってるだけだよ」「すごくやりたいわけじゃないけどね」

　いま、取り組んでいる仕事や趣味について話すとき、あなたはこんな一言を付け加えることがないだろうか。

　それが謙遜や照れ隠しならかまわないけれど、水瓶座のなかには、大人になりたくない、ひとつのことに取り込まれたくない、いつでも逃げ出せるようにしておきたいという気持ちがある。

　だから、本当にやりたいことをやっていても、それを認めたがらない。本気でやっているわけじゃない、「仮」でやっているに過ぎない、と自分自身に言い聞かせてしまう。なかには、実際に一番やりたいことを避けて、わざと周辺にあるものや関心のないことに手を出し続けている人もいる。

　もちろん水瓶座は能力があるから、それでも一定の成果を出すことはできる。でも、もしこのまま「これは本当に自分がすべきことじゃない」と言い訳をし続けていたら、やはり「そこそこ」のレベルから脱することはできない。充実感や達成感が得られないまま、人生を終えてしまう可能性だってある。

　あなたもそろそろ、「本気」を出すときが来ているのではないだろうか。自分の魂の奥底にある欲望に向き合い、本当にやりたいことを見極めて、本格的に取り組んでみる。「一生を賭ける」とまでは考えなくてもいい。「少なくともいまは、これが自分の一番やりたいこと」と認め、夢中になるだけでいい。

　大切なのは、「仮」の気分から一歩踏み込むこと。

　水瓶座は知性や思考力、発想力があるから、それだけで大きく飛躍することができる。他の人には辿り着けないような"高み"に駆け上がることができるだろう。

33

「古い自分」を
くつがえす

何度もいってきたように、水瓶座の真骨頂は、常識や古い価値観をくつがえせること。それができるから、人が思いつかないことを発想し、新しいものを生み出すことができる。

　でも、そんな水瓶座でも、なかなかくつがえせないものがある。

　それは、「自分」に対する認識。他のことなら、常識を180度ひっくり返すくらい柔軟なのに、自分のこととなると、真逆の頑固さが出てきて「私はもともとこういう人」と、以前から抱いていたイメージに固執してしまう。

　でも、自己認識を変えられないのは、自分の限界を決めてしまうこととイコール。限界を超えるものに出会うと、怖くてチャレンジできなくなる。せっかく画期的なアイデアを思いついても、「自分には粘り強さがないから最後は投げ出すだろう」「たくさんの人をコントロールできないから、大規模なプロジェクトは無理」……そんなふうに決めつけて、あきらめてしまう。

　あなたがこれから壁を乗り越え、もっと大きなことを成し遂げるためには、こうした自分に対する決めつけをくつがえす必要がある。限界を限界と感じない「新しい自分」になる必要がある。

　方法はただひとつ。自分が固定化してしまっているなら、自分を揺さぶること。やったことのない体験をしてみる、行ったことのない場所に行ってみる、あえて他の人に巻き込まれてみる。

　行動することが億劫なら、水瓶座らしく発想を転換するだけでいい。たとえば、短所だと思っていたことを長所ととらえなおして、自分の評価を180度ひっくり返してしまう。

　とにかく、「古い自分」をくつがえして、自分に「革命」を起こそう。そうすれば、いままで見たことがない新しい自分が姿を表す。あなたの可能性は大きく広がるはずだ。

34

新しいものを
生み出しながら
過去を「引き継ぐ」

イノベーションの星座といわれる水瓶座だけれど、あなたがもし、もう一段、上のレベルに成長したいと思っているなら、自分の志向と真逆に見えることを意識するのがいいかもしれない。

　それは「過去を引き継ぐ」こと。水瓶座は、常識を打ち破り、新しいものを生み出したいという気持ちが強いあまり、過去のものをすべて「古い」と決めつけ、軽視してしまうところがある。

　でも、過去にも価値のあるものはたくさんある。いま、新しく生まれたように見える創作物やアイデアも、必ず過去の表現や歴史の知恵から影響を受けている。

　だから、意識を変えて、自分が過去から引き継げるものがないか、目を凝らしてみよう。たとえば、あなたが何か表現活動をしているなら、そのジャンルの古典と呼ばれる作品を片っ端から視聴する。あなたが会社を経営したいと思っているなら、戦国時代の武将たちの兵法を研究してみる。

　それはイノベーション、新しいものを生み出すこととは矛盾しない。過去に学ぶことは、むしろ、あなたのアイデア、イノベーションに厚みをもたらしてくれる。あなたの思いついたものの弱点を補強してくれる。音楽のリミックスやサンプリングのように、過去を融合・再構築することでまったく新しいものを生み出すこともできる。

　それだけじゃない。「過去を引き継ぐ」意識を持つことによって、自分の生み出すものが「未来に引き継がれる」ことも自覚できるようになる。未来への責任感が芽生えて、もっといいものを生み出したい、と考えるようになるだろう。

　「イノベーション」の精神と「過去を引き継ぐ」意識。その両立ができるようになれば、あなたはもう無敵だ。

AQUARIUS

35

「虹」の
向こうにある
夢を思い出す

水瓶座の人に夢や目標は？　と聞くと、意外にも、現実的な答えが返ってくることが多い。「夢なんてない」と答える人もいる。

　それは、水瓶座がそのユニークな発想、新しいものを生み出す力を、目の前の問題を解決するために使っているから。現実を変革することに必死で、理想や遠い先を考えなくなっているのだ。

　でも、本当をいうと、水瓶座は自分の奥底に、誰よりも遠くに行こうとする魂を抱えている。いまは忘れているかもしれないけれど、ロマンチックな夢や壮大な目標を持っている。

　アメリカ占星術界のディーバといわれたリンダ・グッドマンは水瓶座についてこう述べている。

　子どもたちは虹に願いをかけ、芸術家たちは虹を描き、夢想家たちは見果てぬ夢の虹を追い求める。

　けれど、水瓶座は虹で生きる。水瓶座は虹を解体し、そのパーツを、そしてその色を分解し、細かく観察すらして、そのうえでなお、水瓶座は虹を信じるのだと。

　水瓶座のあなたがこれからやるべきなのは、表面的な目標の向こうにある虹＝高い理想や壮大な夢を思い出すこと。

　夢を見つけるために、幼い頃の記憶を掘り起こすという方法をよく聞くけれど、水瓶座の場合は、普段、よく口にしているアイデアや課題解決の方法に共通する方向性がないか、探ってみるのもいい。その奥に、理想や夢が隠れていることがある。

　そして、もし理想や夢が見つかったら、今度は、自分の発想力や問題解決能力をその実現のために注ごう。能力のある水瓶座が理想や夢に目覚めたら、それがどんなに高みにあってもどんなに壮大でも、必ず現実に近づけていけるはずだ。

AQUARIUS

PERSON

水瓶座の偉人

13

「進化論」を確立した
偉大なナチュラリスト

チャールズ・ダーウィン
Charles Darwin

1809 年 2 月 12 日生まれ
生物学者

ヴィクトリア朝時代のイギリスに生まれ、裕福な家庭に育つ。
聖職者を目指すも、22 歳のときに参加した海軍の調査船「ビー
グル号」の航海が人生の転機となった。南米沿岸や南太平洋
の諸島を 5 年間探査し、地質学などの研究に取り組んだ。
帰国後も地質学や植物学、動物学の研究に打ち込み、有名
な『種の起源』を出版したのは 50 歳のとき。進化のプロセス
を自然選択によるものとした「進化論」は世界に衝撃を与えた。

参考　松永俊男（著）『チャールズ・ダーウィンの生涯　進化論を生んだジェント
ルマンの社会』2009 年 朝日新聞出版

AQUARIUS

BREAK YOUR FRAME OF MIND.

EPILOGUE

水瓶座が後悔なく生きるために

水瓶座が一歩を踏み出すために、
やりたいことを見つけるために、
迷いを吹っ切るために、
自分に自信を持つために、
新しい自分に変わるために。

水瓶のなかには、
豊かな飲み水のように、
豊かな力が蓄えられている。

それは、
宇宙から見下ろすように、
自分たちを客観視できる力であり、

何もなかったところから、
既視感のあるものを生み出せる力であり、

自分に反対する人たちを
惹きつけ、心変わりさせる力でもある。

水瓶座はそれらの力を使いながら
自分の人生をつくり上げていく。

水瓶座の人間関係はフラットだ。
自分が自由でいたいから、
相手にも自由でいてほしいと望む。
異なる者同士が異なるままに、
お互いの違いを認めながら、
お互いをリスペクトできる世界が理想。

「なんでだろう？」「おかしくない？」
日々気になることが、みんなよりもすこし多い。
言うこと、やることがみんなと違う。
「変人」といわれたらそうかもしれない。
だけど人が嫌いな訳ではない。
ただ、もっと強い絆を感じたいだけ。

ほんの小さなことでもいい。
いままでやらなかったことを、
通らなかった道を、
伝えられなかった言葉を試してみよう。
自分にとってもっと大切なものに、
一歩近づけるはずだから。

今日の日常は、
昨日の日常とは別世界。

理想を掲げて、変革を起こそう。

あなたの「愛のある破壊」を、
この世界はずっと待ち望んでいる。

水瓶座はこの期間に生まれました。

誕生星座というのは、生まれたときに太陽が入っていた星座のこと。
太陽が水瓶座に入っていた以下の期間に生まれた人が水瓶座です。
厳密には太陽の動きによって、星座の境界は年によって1〜2日変動しますので、
生まれた年の期間を確認してください。（これ以前は山羊座、これ以後は魚座です）

生まれた年	期間（日本時間）	生まれた年	期間（日本時間）
1936	01/21 14:12 〜 02/20 04:32	1980	01/21 06:48 〜 02/19 21:00
1937	01/20 20:00 〜 02/19 10:19	1981	01/20 12:35 〜 02/19 02:50
1938	01/21 01:58 〜 02/19 16:18	1982	01/20 18:30 〜 02/19 08:45
1939	01/21 07:50 〜 02/19 22:08	1983	01/21 00:16 〜 02/19 14:29
1940	01/21 13:44 〜 02/20 04:02	1984	01/21 06:05 〜 02/19 20:15
1941	01/20 19:33 〜 02/19 09:55	1985	01/20 11:57 〜 02/19 02:06
1942	01/21 01:23 〜 02/19 15:45	1986	01/20 17:46 〜 02/19 07:56
1943	01/21 07:18 〜 02/19 21:39	1987	01/20 23:40 〜 02/19 13:48
1944	01/21 13:07 〜 02/20 03:26	1988	01/21 05:24 〜 02/19 19:34
1945	01/20 18:53 〜 02/19 09:13	1989	01/20 11:06 〜 02/19 01:19
1946	01/21 00:44 〜 02/19 15:07	1990	01/20 17:01 〜 02/19 07:13
1947	01/21 06:31 〜 02/19 20:50	1991	01/20 22:47 〜 02/19 12:57
1948	01/21 12:18 〜 02/20 02:35	1992	01/21 04:32 〜 02/19 18:42
1949	01/20 18:08 〜 02/19 08:26	1993	01/20 10:22 〜 02/19 00:34
1950	01/20 23:59 〜 02/19 14:16	1994	01/20 16:07 〜 02/19 06:20
1951	01/21 05:52 〜 02/19 20:08	1995	01/20 22:00 〜 02/19 12:09
1952	01/21 11:38 〜 02/20 01:55	1996	01/21 03:52 〜 02/19 17:59
1953	01/20 17:21 〜 02/19 07:40	1997	01/20 09:42 〜 02/18 23:50
1954	01/20 23:11 〜 02/19 13:31	1998	01/20 15:46 〜 02/19 05:53
1955	01/21 05:01 〜 02/19 19:17	1999	01/20 21:37 〜 02/19 11:45
1956	01/21 10:48 〜 02/20 01:03	2000	01/21 03:23 〜 02/19 17:32
1957	01/20 16:38 〜 02/19 06:56	2001	01/20 09:16 〜 02/18 23:26
1958	01/20 22:28 〜 02/19 12:47	2002	01/20 15:02 〜 02/19 05:12
1959	01/21 04:18 〜 02/19 18:36	2003	01/20 20:52 〜 02/19 10:59
1960	01/21 10:09 〜 02/20 00:25	2004	01/21 02:42 〜 02/19 16:48
1961	01/20 16:01 〜 02/19 06:15	2005	01/20 08:21 〜 02/18 22:30
1962	01/20 21:57 〜 02/19 12:13	2006	01/20 14:15 〜 02/19 04:24
1963	01/21 03:53 〜 02/19 18:07	2007	01/20 20:00 〜 02/19 10:07
1964	01/21 09:41 〜 02/19 23:56	2008	01/21 01:43 〜 02/19 15:48
1965	01/20 15:28 〜 02/19 05:46	2009	01/20 07:40 〜 02/18 21:45
1966	01/20 21:19 〜 02/19 11:36	2010	01/20 13:27 〜 02/19 03:34
1967	01/21 03:07 〜 02/19 17:22	2011	01/20 19:18 〜 02/19 09:24
1968	01/21 08:54 〜 02/19 23:08	2012	01/21 01:09 〜 02/19 15:16
1969	01/20 14:38 〜 02/19 04:53	2013	01/20 06:51 〜 02/18 21:00
1970	01/20 20:23 〜 02/19 10:40	2014	01/20 12:51 〜 02/19 02:58
1971	01/21 02:12 〜 02/19 16:25	2015	01/20 18:43 〜 02/19 08:48
1972	01/21 07:58 〜 02/19 22:10	2016	01/21 00:27 〜 02/19 14:32
1973	01/20 13:48 〜 02/19 04:00	2017	01/20 06:23 〜 02/18 20:30
1974	01/20 19:45 〜 02/19 09:57	2018	01/20 12:09 〜 02/19 02:17
1975	01/21 01:36 〜 02/19 15:48	2019	01/20 17:59 〜 02/19 08:02
1976	01/21 07:25 〜 02/19 21:38	2020	01/20 23:54 〜 02/19 13:55
1977	01/20 13:14 〜 02/19 03:29	2021	01/20 05:39 〜 02/18 19:42
1978	01/20 19:03 〜 02/19 09:19	2022	01/20 11:39 〜 02/19 01:42
1979	01/21 00:59 〜 02/19 15:12	2023	01/20 17:29 〜 02/19 07:33

※秒数は切り捨てています

著者プロフィール

鏡リュウジ

Ryuji Kagami

1968年、京都生まれ。

心理占星術研究家・翻訳家。国際基督教大学卒業、同大学院修士課程修了（比較文化）。

高校時代より、星占い記事を執筆するなど活躍。心理学的アプローチをまじえた占星術を日本で紹介することによって、占いマニア以外の人にも幅広くアピールすることに成功。占星術の第一人者としての地位を確たるものとし、一般女性誌の占い特集では欠くことのできない存在となる。また、大学で教鞭をとるなど、アカデミックな世界での占星術の紹介にも積極的。

英国占星術協会会員、日本トランスパーソナル学会理事、平安女学院大学客員教授、京都文教大学客員教授、東京アストロロジー・スクール代表講師などを務める。

参考資料

『占星術の文化誌』鏡リュウジ：著（原書房）

『天才エジソンの秘密 母が教えた.7つのルール』幸田ヘンリー：著（講談社）

フェラーリ公式サイト「1947年ローマ。フェラーリ初の完全勝利」
https://www.ferrari.com/ja-JP/magazine/articles/rome-1947-the-historical-first-ferrari-victory

常識を突き抜けろ

水瓶座の君へ贈る言葉

2023 年 11 月 15 日　初版発行

著者　鏡リュウジ

写真　Getty Images
デザイン　井上新八
構成　ホシヨミ文庫
太陽の運行表提供　Astrodienst / astro.com
広報　岩田梨恵子
営業　市川聡／二瓶義基
制作　成田夕子
編集協力　澤田聡子
編集　橋本圭右／奥野日奈子

発行者　鶴巻謙介
発行・発売　サンクチュアリ出版
〒 113-0023　東京都文京区向丘 2-14-9
TEL 03-5834-2507　FAX 03-5834-2508
https://www.sanctuarybooks.jp
info@sanctuarybooks.jp

印刷・製本　中央精版印刷株式会社

©Ryuji Kagami 2023 PRINTED IN JAPAN

本書は、2013 年 12 月に小社より刊行された『水瓶座の君へ』の本旨を踏襲し、
生活様式の変化や 200 年に一度の星の動きに合わせて全文リニューアルした
ものです。